CARNETS DE ROUTE

TOMBOUCTOU

ou

Le Premier Voyage à Djenné et à Tombouctou

par René Caillié

(1826-1828)

ÉPIGONES

Avertissement

Les principaux épisodes de l'aventure africaine de René Caillié sont tirés de l'ouvrage qu'il publia en 1829. La forme du carnet est proche de son propre journal de route, rédigé hâtivement sur les feuillets d'un Coran. Seuls les longs commentaires et les descriptions des pays, des populations, ont été simplifiés.
Les illustrations s'inspirent des documents les plus contemporains du *Voyage à Tombouctou.* A ce titre, nous remercions les départements Cartes et Plans, Estampes et Gravures de la Bibliothèque nationale ainsi que la Société de Géographie dont René Caillié fut l'un des plus éminents lauréats.

René Caillié est d'origine modeste : son père, boulanger, est envoyé pour un vol non prouvé au bagne de Rochefort. Sa mère meurt prématurément. Il est recueilli par sa grand-mère et devient apprenti cordonnier. Mais, très jeune, il rumine des projets de voyage et ne pense qu'à l'Afrique.

En 1816, il est engagé comme domestique sur un navire et part pour le Sénégal, puis gagne la Guadeloupe. En 1818, après un détour par la France, il rallie Saint-Louis, au Sénégal, où il réussit à se joindre à l'expédition de l'Anglais Rey. L'échec de cette exploration le contraint à travailler pour une maison de commerce, ce qui le conduit de nouveau aux Antilles. Revenu à Saint-Louis, il soumet au gouverneur de la colonie son projet d'atteindre le cœur de l'Afrique et emporte son approbation par sa conviction et la modestie de ses besoins. En 1824, il feint une conversion à l'islām en adoptant le mode de vie des Maures Braknas. Fort de cette expérience et misant sur l'hospitalité des musulmans, il part enfin le 22 mars 1827 pour sa grande aventure. Pendant deux ans, souffrant parfois le martyre, il accumule notes et observations pour prouver l'authenticité de son voyage. En 1828, épuisé par sa longue route, il connaît la gloire en recevant la médaille d'or de la Société de Géographie de Paris.

Du rêve à la réalité

20 avril 1828. A l'aube, mes compagnons de voyage et moi nous nous mîmes en route pour Tombouctou, en nous dirigeant vers le nord. Nous formions une caravane nombreuse. Nous arrivâmes aux lisières de la ville au moment où le soleil touchait à l'horizon. Je voyais enfin cette capitale du Soudan qui, depuis si longtemps, était le but de tous mes désirs. En entrant dans cette cité mystérieuse, objet des recherches des nations civilisées d'Europe, je fus saisi d'un sentiment de joie et de satisfaction.

Revenu de mon enthousiasme, je trouvai que le spectacle que j'avais sous les yeux ne répondait pas à mon attente : je m'étais fait de la grandeur et de la richesse de cette ville une tout autre idée. Elle n'offrait au premier aspect qu'un amas de maisons en terre, mal construites. Dans toutes les directions, on ne voyait que des plaines immenses de sable mouvant, d'un blanc tirant sur le jaune, et de la plus grande aridité. Le ciel à l'horizon était d'un rouge pâle ; tout était triste dans la nature ; le plus grand silence y régnait ; on n'entendait le chant d'aucun oiseau... Cependant il y avait je ne sais quoi d'imposant dans le spectacle de cette grande ville élevée au milieu des sables, bien qu'autrefois le fleuve Niger dût s'écouler tout près. Elle en était désormais éloignée de huit milles au nord, à cinq milles de Cabra qui était devenu son port.

Sidi-Abdallahi

Porte cloutée de Tombouctou

J'allai loger chez un homme du nom de Sidi Abdallahi, que l'on m'avait recommandé à Djenné. Il me reçut d'une manière presque paternelle et me fit appeler pour souper avec lui.

On nous servit un très bon couscous de mil à la viande de mouton. Sidi Abdallahi ne me questionna pas sur mon voyage ni sur mon apparence d'homme blanc qui, malgré ma peau brunie et mes vêtements en loques, attirait toujours les regards et la curiosité. Il me parut doux, tranquille et très réservé. Il parlait peu et avec calme. Il respectait avec une grande humanité la règle de l'hospitalité de la religion musulmane et comme j'avais pris le parti de voyager comme un mendiant, fidèle à l'islām, il répondait là au vœu de sa foi.

J'allai ensuite me reposer sur une natte que l'on avait tendue par terre dans une cour intérieure. La chaleur était accablante ; pas un souffle d'air ne venait rafraîchir l'atmosphère.

Le 21 avril, j'allai me promener dans la ville pour l'examiner. Je ne la trouvai ni aussi grande ni aussi peuplée que je m'y étais attendu. Son commerce était moins considérable que ne le publiait la renommée ; on n'y voyait pas, comme à Djenné, cette affluence d'étrangers venant de toutes les parties du Soudan. Je ne rencontrai dans les rues de Tombouctou que les chameaux qui arrivaient de Cabra, chargés des marchandises qui avaient descendu le Niger, quelques réunions d'habitants assis par terre sur des nattes, faisant la conversation, et beaucoup de Maures couchés devant leur porte, dormant à l'ombre. En un mot, tout était d'une certaine tristesse.

J'avais besoin de sandales : le sol était brûlant

Des tuyaux sortent des murs pour évacuer l'eau.

De grandes plaques de sel sont taillées en morceaux pour la vente

Une femme Peul

La chaleur étant excessive, le marché ne se tenait que le soir, vers trois heures. On n'y trouvait que des verroteries, de l'ambre, du corail, du soufre et du papier. Des marchands avaient à leur porte des briques de sel. D'autres, sur la place, avaient de petites cabanes faites avec quelques piquets et des nattes pour se préserver de l'ardeur du soleil. Dans les magasins de mon hôte je remarquai beaucoup de fusils doubles français, à la marque de Saint-Étienne, et de belles dents d'éléphant. Elles y étaient apportées par des Touaregs ou Sourgous, les Kissours et les Kirimans qui habitaient les bords du fleuve. Ils ne faisaient pas la chasse aux éléphants avec des armes à feu ; ils leur tendaient des pièges ; je regrettais de n'en avoir jamais vu prendre.

La ville de Tombouctou pouvait avoir 3 milles de tour. Elle formait une espèce de triangle. Les maisons étaient grandes, peu élevées, construites en briques de forme ronde, roulées entre les mains et séchées au soleil. Les rues étaient propres et assez larges pour laisser passer trois cavaliers de front. En dedans et en dehors on voyait beaucoup de cases en paille, presque rondes, comme celles des pasteurs Foulahs. Elles servaient de logement aux pauvres et aux esclaves qui vendaient des marchandises pour leurs maîtres. La ville renfermait encore sept mosquées, dont deux grandes, surmontées chacune d'une tour en brique.

Cette ville n'avait d'autres ressources que son commerce de sel, le sol étant impropre à la culture. Et c'est de Djenné, la grande ville située en amont sur le fleuve, qu'elle tirait son approvisionnement : le mil, le riz, le beurre végétal, le miel, le coton, les bougies et le savon, le piment, le poisson sec, les pistaches.

Plus tard, j'allai voir mon hôte. Je lui dis que j'étais fatigué par la longue route, faite à pied, lors de la traversée du Soudan ; que je désirais me reposer environ quinze jours à Tombouctou, et qu'ensuite je serais prêt à profiter de la première caravane qui partirait. A peine avais-je formulé ce désir qu'il m'interrompit en me disant : « Tu peux rester ici plus longtemps si tu le veux ; tu me feras plaisir et tu ne manqueras de rien ».

C'est donc au bon et généreux Sidi Abdallahi que j'allais devoir mon séjour. Je me réservai de vendre mes dernières marchandises, d'une valeur de 35 piastres, pour mon retour par le grand désert. Cela pouvait me permettre de louer un chameau, indispensable pour résister aux sables mouvants.

Comme l'occasion sur laquelle je comptais tardait à se présenter, je mis à profit le temps qui me restait. J'allai visiter la grande mosquée de l'ouest. Les murs y étaient mal entretenus ; les enduits étaient dégradés par les pluies et les vents. Plusieurs contreforts étaient élevés contre les murs pour en prévenir l'écroulement. Je montai au sommet de la tour par un escalier intérieur, en partie démoli. J'y revins même plusieurs fois pour écrire mes notes dans une solitude protectrice. Je réussis ainsi à mettre au point le récit de la première partie de mon voyage, car ce lieu peu fréquenté me mettait en position de ne pas être aperçu et de ne pas éveiller l'attention soupçonneuse des musulmans.

Un palmier doum au centre de la place.

Début 1824. Le rêve prend forme (Saint-Louis du Sénégal)

A cette époque je revenais au Sénégal, après quelques séjours en France et plusieurs voyages aux Antilles, pour tenter de faire fortune avec une petite charge de pacotille. Mais cette marchandise n'était qu'un prétexte. Je rêvais d'une gloire éclatante : je voulais être le premier parmi mes contemporains à atteindre Tombouctou... J'appris alors que la colonie sénégalaise était gouvernée par un homme audacieux et actif, le baron Roger. Il me reçut dans son jardin, à l'ombre violette des cactus et des palmes.
En me regardant bien en face, il me dit :
— « Pensez-vous réussir là où tous vos devanciers ont échoué ?
— Je compte sur ma faiblesse !
— Votre faiblesse ?
— Je suis un fils du peuple, un ignorant, un pauvre. Jusqu'à seize ans, j'ai tiré l'alène chez un cordonnier. Quand je suis venu ici pour la première fois j'avais soixante francs en poche. Tout ce que je sais aujourd'hui, c'est de moi-même que je le tiens. Cela fait bientôt près de dix ans que je voyage et ni l'argent ni les escortes et lettres de recommandation ne semblent peser lourd à cent lieues des *escales* (comptoirs). Ce qu'il faut pour réussir ? Un homme, mais un homme aguerri au climat, aux fatigues, aux privations, au lait aigre, accoutumé aux mœurs, à la langue et à la religion des tribus, et, par-dessus tout, un homme résolu à passer.
Je ne veux ni chameaux, ni escorte, mais seulement un coussabe et un chapelet.
Pourquoi même ne serais-je pas un marabout ?
— Mais vous ne connaissez ni la langue ni la religion des Maures !

— C'est vrai, mais je compte faire précéder mon grand voyage vers Tombouctou d'une sorte d'initiation chez les Maures les plus réputés pour leur piété, les Trarzas ou les Braknas. J'ai inventé une histoire : je suis né à Alexandrie, de parents arabes, et j'ai été amené en France, dès mon plus jeune âge par des Français qui faisaient partie de l'armée de Napoléon en Égypte. Mon maître m'a conduit au Sénégal pour les besoins de son commerce. Il a été si satisfait de mes services qu'il m'a affranchi. Libre d'aller où je veux, je désire naturellement retourner en Égypte pour y retrouver ma famille, mais je désire d'abord retrouver la pratique de ma religion.
— Monsieur Caillié, répondit le gouverneur, je fais des vœux pour que votre entreprise réussisse. J'essaierai de vous aider. »

En repartant de chez cet homme cultivé et attentif, je voyais s'ouvrir les portes de la ville mystérieuse, rouges et dorées sur un fond de ciel indigo. Mais avant la victoire, la lutte. Il fallait d'abord se résoudre à l'apprentissage de l'islām chez les Maures.

Août 1824 - avril 1825. Chez les Maures Braknas

Le 3 août 1824, je partis donc de Saint-Louis pour le pays des Maures, qui avaient alors pour roi Hamet-Dou. Le voyage commença de façon paisible, malgré des nuées de moustiques, à travers des plaines verdoyantes et riches, coupées de marécages. Aux alentours, c'étaient des champs de coton, de mil, d'indigo. A chaque étape, je racontais mon histoire, en laissant croire à ma foi dans la religion de Mahomet et à quelques richesses que j'aurais rapportées de France. Je prenais soin de souligner ma volonté de maîtriser la science du Coran. J'avais pris, disais-je, le nom d'Abd-Allahi, *l'esclave de Dieu*. Ce récit émouvant semblait flatter le penchant au merveilleux des Maures ainsi que leur esprit intéressé. Parfois ils voyaient en moi le musulman aisé dont il serait bon de posséder, un jour, l'amitié. On m'offrait alors, une part de sanglé et un coin de case pour dormir...

Avec leur visage ovale et bistré, encadré d'une barbe frisottante, leurs yeux vifs et bien fendus, leur nez fin et busqué, ils se distinguaient nettement des tribus noires qui les entouraient. Ils ne se séparaient jamais des chapelets à grains noirs qui cernaient leurs poignets et des amulettes pendues au cou par des cordons de cuir. Malgré leur fidélité à l'islām, ils étaient souvent déloyaux et belliqueux, parfois cruels. C'est au cœur de ces tribus inhospitalières que j'avais résolu de pénétrer. J'y voyais un double avantage, d'abord la langue arabe dont la connaissance me serait plus tard indispensable pour voyager à l'intérieur des déserts, ensuite l'initiation aux rites et aux croyances musulmanes, ce qui rendrait plausible la fable que j'avais imaginée.

Je ne pouvais trouver d'éducateurs plus compétents et plus révérés que les marabouts maures des tribus Braknas, qui recevaient alors des élèves de tout le sud du Sénégal.

le battage du mil

SAHARA
Peuples Maures
– Nomades –
escale des Braknas
(24 août) 1824
Saint-Louis (3 août) 1824
Fleuve Sénégal
Peuple Toucoulaure
Peuple Wolof
Cap Vert
Dakar
Peuple Sérére
Peuples Mandingues et Peuls
Fleuve Gambie
Fouta Dhialong

Le 24 août, après avoir longé les rives du fleuve Sénégal, bourbeux et gorgé d'insectes, je parvins à Podor, que l'on appelait l'*escale* des Braknas. Le 29 août, je pénétrai sur leur territoire. Le chemin traversait des terrains noirs, argileux, ombragés de grands mimosas, puis des paysages au sol de sable rouge. La chaleur excessive était augmentée par un vent brûlant, qui venait du désert. Je marchais pieds nus, les orteils en sang. La halte dans les villages n'amenait aucun repos. Les enfants m'entouraient en foule et me jetaient des pierres en criant : *Tahale Ichouf el Nosrani*... Venez voir le chrétien !

Le 10 septembre, je parvins au camp des Maures Braknas installé, pour la commodité des bêtes, aux abords d'une mare. Le roi Hamet-Dou me reçut sous sa tente tissée en poils de mouton et tendue sur huit cordes de cuir. Des harnais, des selles l'entouraient, garnies de drap écarlate et de housses brodées d'or. Sur des piquets, une claie avec des nattes : le lit du roi. Il écouta avec un vif intérêt le récit que je lui fis et, flatté que mon choix se fût porté sur sa tribu, il m'assura de sa bienveillance, me promit sa protection et confia le soin de m'instruire aux fils de Mahommed Sidi Moctar, grand marabout du roi.

Ceux-ci négligèrent leurs responsabilités, préférant se reposer sous la tente, dans le sommeil ou d'interminables palabres. Ils se bornaient à me faire tracer l'alphabet arabe et à me le faire apprendre par cœur. Je trouvai alors d'autres marabouts qui m'apprirent les versets du Coran et me donnèrent une planchette d'écolier. A la fin, je fus soumis cinq fois par jour à chanter en arabe les louanges de Dieu. Je m'efforçais ainsi de donner en permanence les marques extérieures de la piété musulmane : salamalechs, chapelets à égrener, chants, ablutions.

Souvent les Braknas se transportaient de pâturage en pâturage. Je redoutais les fatigues, les railleries, les mauvais traitements que ces marches me valaient. Les troupeaux prenaient les devants, conduits par des hommes juchés sur des bœufs. Mugissements, cris des guides, pleurs des enfants, charges renversées... Vacarme affreux. Des groupes se formaient, se disloquaient. La foire mouvante envahissait le désert. Des chanteurs ambulants, avec leurs guitares et leurs harpes, se pressaient à la suite des princes. Dans tout ce désordre j'avançais à pied sur le sable dur mêlé de silex tranchants. Et les haltes succédaient aux haltes avec leurs maigres repas de lait aigre, d'eau saumâtre, jusqu'au jour où l'on trouvait de nouveaux pâturages, auprès desquels, dans un grand affairement et un grand bruit, on recommençait à dresser les tentes.

Un jour le roi Hamet-Dou, étant malade, me fit appeler pour que je le guérisse. Je sortis, allai autour du camp et en rapportai des grains de basilic dont je fis prendre au roi une infusion. Il s'en trouva mieux et le bruit se répandit aussitôt que le blanc en coussabe bleu possédait la science des guérisseurs. De tous côtés on accourut pour me demander des herbes. J'en profitai pour faire de longues promenades, aller et venir dans le camp, entrer sous les tentes des malades et enrichir le recueil de notes que j'écrivais en me cachant, entre les feuillets d'un Coran.

Le jeûne du Ramadan fut une longue épreuve où je souffris surtout de la soif. J'avais la gorge desséchée et ma langue gercée me faisait l'effet d'une râpe. Le vent d'est soufflait avec force et la chaleur augmentait. Le dix-huitième jour, je fus attaqué par la fièvre ; alors on me dispensa du jeûne, en me donnant seulement un peu d'eau dans la journée.

Basilic

Un chanteur ambulant et son prince

Les mois s'écoulant, je parvins à endormir la méfiance des Braknas. Mais, malgré les rites scrupuleusement observés, je n'empêchais pas les mauvais traitements des hassanes, les guerriers de la tribu. Quelle précaire sécurité !

Enfin vint l'époque où, comme chaque année, les rois maures allèrent à l'*escale*, le port sur le fleuve. Ils y rencontraient les trafiquants de Saint-Louis, protégés par les soldats français, et les échanges commerciaux se poursuivaient pendant plusieurs semaines.

Je demandai à rejoindre Saint-Louis pour vendre quelques biens. Loin de s'opposer à mes projets on m'y encouragea vivement, dans l'espoir sans doute d'en retirer quelques avantages.

Le 20 avril 1825 j'arrivai à l'escale ; le 11 mai j'embarquai sur une péniche accompagné du second fils de Mohamed Sidi Moctar. Le 16 mai je parvins à Saint-Louis après neuf mois d'absence.

Cruelle déception !
Le baron Roger, mon protecteur, était parti pour la France. Je ne pouvais plus compter sur son aide.

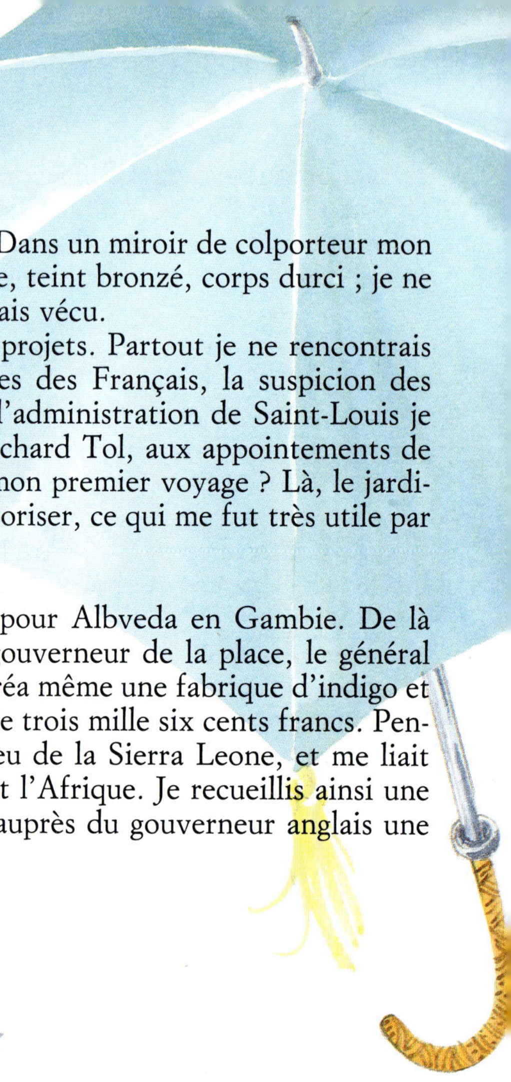

1825-1826. L'attente

A l'ombre bleue d'une case, je ruminais mon échec. Dans un miroir de colporteur mon reflet montrait que j'avais changé : barbe noire, drue, teint bronzé, corps durci ; je ne me différenciais plus des Maures parmi lesquels j'avais vécu.

La France et ses représentants dédaignaient mes projets. Partout je ne rencontrais que la froideur distante des autorités, les sarcasmes des Français, la suspicion des musulmans. Après une ultime démarche auprès de l'administration de Saint-Louis je pus obtenir une place de surveillant d'ouvriers à Richard Tol, aux appointements de cinquante francs par mois. Était-ce là le salaire de mon premier voyage ? Là, le jardinier de l'établissement (M. Lelièvre) m'apprit à herboriser, ce qui me fut très utile par la suite.

Deux mois s'écoulèrent, pleins d'amertume.

Plus tard, je pris passage sur un brick français, pour Albveda en Gambie. De là j'atteignis la Sierra Leone, au début de 1826. Le gouverneur de la place, le général anglais Charles Turner, m'accueillit avec bonté ; il créa même une fabrique d'indigo et me chargea de la diriger, moyennant un traitement de trois mille six cents francs. Pendant plus d'une année je restai à Freetown, chef-lieu de la Sierra Leone, et me liait d'amitié avec des noirs mandingues qui parcouraient l'Afrique. Je recueillis ainsi une foule de renseignements précieux. Je déposai alors auprès du gouverneur anglais une

demande d'aide pour mes projets d'exploration. Là encore on me refusa toute aide, raillant ce que l'on appelait l'extravagance de mes ambitions.

J'appris alors, par une lettre de ma sœur Céleste, que la Société de Géographie de Paris, soucieuse de ne pas laisser aux Anglais l'initiative des explorations africaines, s'efforçait de promouvoir d'audacieuses entreprises. Une souscription avait réuni une somme de dix mille francs qui serait versée comme récompense au premier Français revenant de Tombouctou et de l'intérieur de l'Afrique avec des observations positives et exactes.

Une fois de plus, le sort en était jeté. Je partirais. Je résolus de faire le voyage, seul et à mes frais, avec mes deux mille francs d'économies. Vêtu d'un coussabe, le chapelet aux doigts, je me joindrais à l'une des caravanes de marchands qui font le commerce de la gomme, du cuir ou du sel entre la côte et l'intérieur. Confondu avec la foule des indigènes, racontant mon histoire, je n'emporterais que de la pacotille pour payer l'hospitalité par de menus cadeaux.

J'achetai alors de la poudre, du papier, de la verroterie, des pièces de drap bleu, du tabac, de l'ambre et du corail, des couteaux et des ciseaux, enfin un grand parapluie pour m'abriter du soleil. Des amis me procurèrent une petite pharmacie : du calomel, du sulfate de quinine, du nitrate d'argent et des sels purgatifs. J'emportai également deux boussoles de poche et j'appris à déterminer avec exactitude un mille anglais, la vitesse horaire de ma marche.

Le grand départ

C'est par Kakonky et par la vallée du Rio Nunès que je désirais commencer mon voyage. Le 31 mars 1827 j'y arrivai, sur la goélette *Thomas*. Là, un commerçant français, M. Castagnet, me reçut avec une cordialité généreuse. Il me donna de judicieux conseils et décida surtout des marchands mandingues à accepter *le jeune Égyptien qui rentrait dans son pays,* et cela pendant leur voyage vers Tombouctou.

Le grand départ eut lieu le 19 avril 1827.

Les premières marches

La caravane à laquelle je me joignis ressemblait à toutes celles qui, chaque jour de l'année, alourdies de tissus, de fusils à pierre, d'ambre et de coutellerie, remontaient vers les royaumes du Soudan pour porter au cœur de l'Afrique les produits européens. Il y avait cinq Mandingues libres et trois esclaves, crépus, d'un noir étincelant, tous portant sur la tête un long panier rempli de lourdes charges. Puis venaient le guide Ibrahim, sa femme et mon porteur. Ils étaient tous vêtus d'un coussabe, blanc ou jaune, d'un pantalon de grosse toile coulissé à la ceinture et d'un bonnet de même étoffe.

0
500 km
Mon itinéraire en Afrique occidentale (1827 – 1828)
Tanger
(27 septembre 1828)
Le retour
Fez (12 août 1828)
ATLAS
HAUT
24 juillet 1828 : la sortie du désert
El Harib
30°
Océan
Atlantique
Désert de Sahara
Puits de Télig
Camp des maures Braknas (20 septembre 1825)
Tombouctou (20 avril 1828)
20°
Départ de St. Louis le 3 août 1824, retour le 16 mai 1825.
Dakar
Sénégal
Niger
Gambie
Ségou
Djénné (14 mars 1828)
Mopti
Kakondy
(19 avril 1827)
Kankan
Timé (3 août 1827)
10°
20°
Paris

femmes foulahs

Des figuiers de 20 mètres de haut !

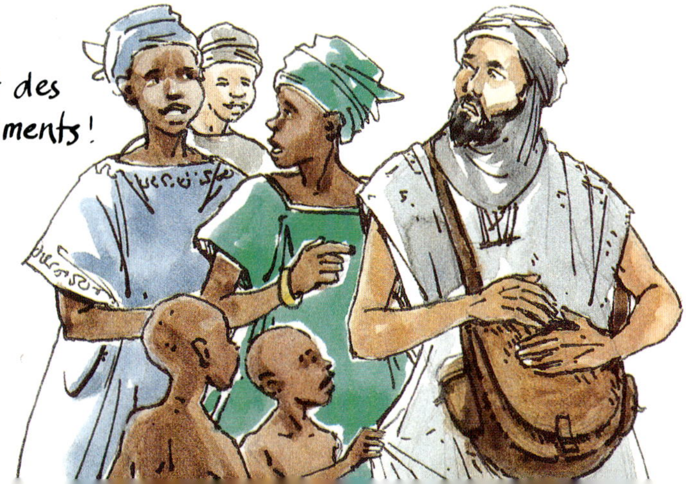

Tous veulent des médicaments !

La première semaine de voyage fut un enchantement. On traversait une région ondulée, cultivée à l'entour des villages. Les coteaux, aux sommets pierreux, étaient couverts de bombax, de figuiers sauvages et de *nédés*, espèces de mimosas dont le fruit nourrissant est agréable au goût. C'était le pays des Foulahs, peuple de pasteurs doux et hospitaliers, au corps et aux cheveux enduits de beurre, et qui se distinguaient des autres tribus noires par leur noble allure et leur teint cuivré. Je profitais des heures de repos pour m'écarter de mes compagnons et prendre des notes. Je tirais de mon portefeuille une page de Coran et semblais en méditer les versets. Cependant, d'un crayon furtif, je griffonnais les observations de la journée.

Et les villages succédaient aux villages, dans un pays riche en fruits sauvages et délicieux, en bananes, en ignames énormes et aussi en vastes troupeaux.

Le 10 mai 1827, la caravane arriva devant une plaine de sable entourée de hautes montagnes, baignée par le Tankino, affluent du Dialhoba ou Niger. Nous laissions le pays des Foulahs pour celui des Mandingues, marchands qui négligeaient leurs terres pour courir les déserts avec des charges de sel, de noix de kola ou d'étoffes.

Je séjournai quelques semaines à Gambaya, bourgade mandingue, où il fallut sans cesse désarmer les méfiances à force de paroles habiles et par une surveillance constante de mes gestes. Je repartis le 30 mai, avec un guide du nom de Lamfia et un groupe de huit personnes.

précieuses noix de kola.

Du fruit du fromager est retiré le kapok qui sert de bourrage.

Étapes brûlantes, ciels couverts brusquement de nuages, crevant en déluges de pluie chaude et douce. Généreux cadeaux de volailles, de riz, de lait, en échange de grigris et de médicaments… ou bien au contraire riz sans sel, lait sûri, fatigue. Chaque nouvelle journée amenait de nouveaux et dangereux interrogatoires.
« C'est un blanc qui va dans l'est ! C'est un chrétien ! »
Voilà ce que j'entendais partout. A chaque fois, Lamfia mon guide, veillait, ne cessant de conter, d'embellir le récit du jeune Égyptien qui rentrait enfin dans son pays. Le 17 juin, la caravane, forte alors de soixante-dix hommes, arriva aux portes de Kankou, ville soudanaise de six mille habitants, toute fraîche et riante derrière sa muraille de cactus. Des tamariniers, des flamboyants, des fromagers séculaires ombrageaient des cases en pisé. Afin de donner à l'entrée dans la ville une certaine solennité, le guide demanda que j'ouvre mon parapluie.

Mon intention était de gagner Djenné, cité commerçante de grande renommée. Mais mon guide s'arrêtait là. Les provinces proches étant en guerre, il fallait attendre une occasion pour emprunter la route de l'est qui passait par les bois du Ouassoulo. Je continuais à observer tous les rites et tous les jeûnes.

La situation devint difficile lorsqu'un membre de la caravane me vola quelques marchandises et m'accusa, pour se défendre, d'être chrétien. Ce fut avec joie que j'appris qu'un Peuhl du Fouta Djallon allait prendre la route de Sambatikila, à onze jours de marche vers l'est. Ce nouveau guide s'appelait Arafamba. Il accepta trois têtes de tabac et parut bienveillant.

Le fruit du tamarinier sert à la préparation de boissons.

Le flamboyant
l'entrée
à Kankan

Les difficultés

Il pleuvait sur les champs de riz, de foigné, d'ignames et de cassaves. La pluie flagellait les visages, les mains et les corps. On passait des gués, les jambes mouillées jusqu'aux genoux, et des rivières sur des pirogues chancelantes. Debout à la poupe, le guide Arafamba chantait des versets du Coran pour conjurer le mauvais sort. Soudain, le soleil faisait étinceler le miroir des eaux et des myriades de gouttelettes aux feuilles des arbres à beurre. Quelques instants plus tard, l'orage éclatait de nouveau et ramenait une pluie fine et persistante.

La caravane ne comportait que quatorze personnes : le guide, des porteurs mandingues, des Foulahs et des marchands saracolets. Dans la forêt du Ouassoulo, les herbes étaient si hautes qu'elles passaient au-dessus des têtes. Nous allions en silence pour ne pas attirer l'attention des voleurs, aussi nombreux entre les arbres, disait-on, que les singes rouges.

Je dormais mal. La fièvre, depuis mon arrivée sur le Niger, me reprenait par instants. Je ne pouvais mettre mes sandales. Mes pieds saignaient. J'avais une écorchure profonde au talon gauche. Pourtant je ne me lassais pas du spectacle des bergers rêveurs qui jouaient du flageolet, des belles terres où le riz poussait dru. Dans chaque village, des musiciens s'assemblaient et sonnaient dans des instruments en bois, creusés et recouverts d'une peau de mouton.

A Sambatikila, nous entrâmes en pays Bambara, peuple insouciant et paresseux. Ma blessure au talon avait empiré. J'arrivai le 3 août, épuisé de souffrances et de fièvre, à Timé. Je résolus alors d'attendre dans cette bourgade la fin de la saison pluvieuse et de soigner mon pied.

Août fut traversé de nombreux orages. La pluie ne cessa de tomber. L'atmosphère était lourde et chaude. Dans ma case, à travers le mur enduit de suie, une eau noirâtre filtrait lentement et s'évaporait aussitôt. C'était un continuel bain de vapeur. Bientôt j'eus le pied tellement enflé qu'il me fut impossible de marcher.

Le mois de septembre passa lentement, dans la fièvre et la douleur.

Le temps sec et la chaleur revinrent avec octobre. Les perroquets bruissaient autour des cases, et les femmes, au soleil, écrasaient les grains de foigné dans les mortiers. Peu à peu la plaie de mon pied se refermait et je me remis à marcher en clopinant.

Mais un nouveau malheur vint me terrasser : le scorbut. Mon palais fut entièrement dépouillé ; une partie des os se détachèrent et tombèrent. Mes dents bougeaient et les souffrances étaient affreuses. Je devins bientôt un véritable squelette. Pendant six semaines, je me débattis contre le désespoir et l'excès de douleur.

Enfin une vieille femme vint me soigner. Elle m'interdit le sel, la viande et même le bouillon. Puis, ayant apporté des morceaux de bois rouge, elle les fit bouillir dans de l'eau afin de m'en laver la bouche.

Le remède renouvelé et la saison aidant, je pus me lever et sortir de la case.

Avec des forces nouvelles, je retrouvai l'espoir.

Début janvier 1828 la nouvelle arriva que le frère de mon hôte allait bientôt partir pour Djenné afin d'y vendre des noix de kola. Je décidai de me joindre à lui. Après cinq mois d'inaction et de souffrance, j'allais enfin pouvoir continuer mon voyage.

Le 10 janvier la caravane s'ébranla. En avant allaient trente-cinq femmes, portant les sacs de kola sur la tête. Ensuite marchaient à la file quarante-cinq Mandingues, portant également une lourde charge et tous armés d'arcs et de flèches. Les chefs, propriétaires des marchandises, conduisaient le troupeau docile des ânes et fermaient le convoi. Tout cela éclatant au soleil, avec le noir brillant des torses nus, le jaune des coussabes, les pagnes des femmes et le tintinnabulement de toutes les sonnettes, sonneries et sonnailles que tous portaient à la ceinture.

La caravane s'enfonçait dans le pays des Bambaras, qui ont les cheveux laineux et la peau de bronze rouge. Le vent soufflait de l'est et la chaleur était accablante. Mais Tombouctou n'était plus un monde inconnu ; mes compagnons de voyage y avaient pénétré et m'en parlaient. A chaque pas je créais un univers nouveau. Le Soudan apparaissait à mille indices : les cabanes de briques succédaient aux cases de terre battue ; les Peuhls, au teint clair, étaient plus nombreux. Ils étaient apparentés à ceux du Fouta Djallon qui venaient de fonder, le long du Niger, un puissant empire.

Après Kirina, le village des cordiers, et Medina, riche en poissons frais et en pains de lotus, je vis un large fleuve. Il s'agissait du Bani, affluent du Niger, et beaucoup d'embarcations descendaient déjà vers Tombouctou.

Djenné, perle du Niger

Le 14 mars 1828 au matin la caravane passa le fleuve et arriva dans Djenné, grande île et ville peuplée. Avec son commerce et ses richesses, elle me semblait préfigurer la gloire de Tombouctou. Le marché était entouré de boutiques où l'on vendait des marchandises d'Europe : toiles d'Angleterre, poudre et fusils de France, quincaillerie de Hambourg. On échangeait des planches de sel contre de la poudre d'or, de l'ivoire, de la cire et des noix de kola. Poissons secs et frais, calebasses, nattes, pots en terre, beurre végétal et oignons, tout cela gisait pêle-mêle, au milieu des taches d'ombre et de soleil, parmi les chameaux, les couleurs vives des cotonnades et les esclaves que les vendeurs criaient à vingt-cinq, trente ou quarante mille cauris.

Djenné, qui comprenait huit à dix mille habitants, était ceinte d'un mur en terre haut et régulier. Les maisons étaient toutes en briques cuites au soleil, avaient un étage et une terrasse, et recevaient la lumière par des cours intérieures.

Dès mon arrivée je me mis sous la protection du chérif arabe qui était dans la ville. Je dus subir d'innombrables interrogatoires. Tour à tour naïfs, ombrageux et crédules, les Maures multipliaient les questions. Les explications, à chaque fois embellies, dissipèrent les soupçons. Du jour où je fus reconnu comme un vrai croyant, je pus profiter de la solidarité musulmane. Je fus même logé chez le chérif, qui me nourrit gratuitement. Sa maison était fraîche. Ce repos me permit de reconstituer ma santé encore chancelante.

Un bambara

les cauris

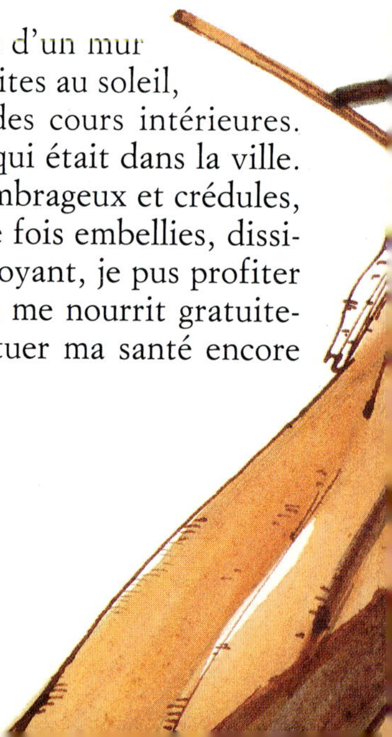

En descendant le Niger

Tandis que ma barque descendait le fleuve, poussée à la perche ou tirée à la corde, j'admirais sans me lasser l'immense paysage de plaine et de ciel qui se déroulait lentement au fil de l'eau.

Le chérif de Djenné m'avait procuré un passage sur le fleuve, jusqu'à Cabra, le port de Tombouctou. Il s'était aussi chargé de vendre ce qui me restait de pacotille. Il en avait tiré trente mille cauris, lesquels avaient servi à acheter un petit stock d'étoffes. Il avait ajouté un coussabe neuf et m'avait donné une lettre d'introduction auprès de son

correspondant à Tombouctou, Sidi Abdallahi Chebir. Pour répondre comme il convenait à une telle générosité, je lui avais offert mon parapluie qu'il accueillit avec une reconnaissance particulière.

Pendant des jours je glissai lentement vers le nord, entre des berges si basses que le moindre vent rebroussait les eaux du fleuve et arrêtait la marche de la pirogue.

A peine embarqué, j'avais dû me débattre contre des bateliers arrogants et avides. Bien que le voyage fût payé, le Mandingue qui faisait office de capitaine cherchait à obtenir davantage par des menaces et des injures. On me nourrissait avec du riz à l'eau, comme les esclaves, et l'on se plaisait à me confondre avec eux.

Une femme Peul aux lèvres tatouées

Le mois d'avril s'écoula lentement. A proximité de Tombouctou, le danger des Touaregs se manifesta. Ces tribus nomades, venues du Hoggar, patrouillaient sur la rive nord du fleuve au galop de leurs chevaux. Dès qu'elles apercevaient des convois sur l'eau, elles approchaient avec de petites pirogues pour rançonner les cargaisons et les voyageurs. Plus la peau de ceux-ci était claire, plus la taxe était élevée. On saisit ce prétexte pour me faire disparaître sous des nattes dès que des cavaliers étaient signalés. J'étouffais dans ces réduits. La nuit seulement je pouvais aller librement au grand air.

Enfin, le 19 avril 1828, la flotille s'arrête devant Cabra, le port de Tombouctou.

Tombouctou ! Tombouctou !

Les chanteurs ambulants, les conteurs arabes, les marchands mandingues n'avaient pas menti. Tombouctou existait : je foulais son sol chaud, je respirais son atmosphère brûlante. Mais où étaient les cent mille habitants de la légende, les palais aux toits d'or, la forêt des coupoles et des minarets ? La cité s'était peu à peu appauvrie sous la dépendance des Touaregs.

Par petits groupes ils circulaient dans les rues étroites, armés de piques, un poignard au bras gauche, la lame levée, le corps protégé par un bouclier de cuir. On leur remettait spontanément du miel, du riz, du mil, des étoffes. La décadence de la ville provenait du lourd tribut qu'ils prélevaient sur la population.

J'avais achevé de rédiger mes notes en demeurant de longues heures au sommet de la tour de la grande mosquée. Là, je pouvais découvrir les sept quartiers de Tombouctou, coupée en croix par deux

larges artères, les rectangles de ses toits en terrasses et, à la périphérie, les cases pointues des noirs. Pour moi, l'appel du mystère s'éteignait.

Pour la première fois depuis mon départ il me tardait de regagner la France, de retrouver le repos, la sécurité, un peu de confort. Deux routes s'offraient à moi : celle de l'ouest qui me ramenait sur la côte et qui ne manquerait pas de faire naître des doutes sur mon voyage ; celle du nord, par le désert et le Maroc, qui imposerait silence aux calomnies. Je me décidai alors à suivre une caravane de Maures qui partait pour le Tafilelt. Les trente mille cauris d'étoffe achetés à Djenné me servirent à payer le loyer d'un chameau. Sidi Abdallahi, toujours généreux, versa aux guides les frais de ma nourriture, me fit cadeau d'une grande couverture de coton, d'un coussabe neuf et, précaution inestimable, de deux outres en cuir pour garder ma provision d'eau pendant la traversée du désert.

Dans sa grande bonté il m'accompagna même jusqu'aux premières dunes de sable mouvant, là où un grand vide s'ouvrait sur l'horizon.

Au pays de la soif

J'étais reparti le 4 mai 1828. J'étais resté quatorze jours de ma vie à Tombouctou...

Après un sol parsemé de mimosas, de genévriers, de chardons s'étendaient longuement des régions mille fois plus arides. Sables rouges, roches couleur de cuivre, dunes croulantes, royaume du soleil, du silence et de la solitude.

On voyageait de nuit. Les Arabes réglaient leur marche sur l'étoile polaire. Leur acuité d'observation et leur mémoire se doublaient d'un instinct merveilleux. Une touffe d'herbe, la pointe d'un rocher, une nuance dans la couleur du sable suffisaient à guider leur route. Après le lever du soleil, on faisait halte. Les tentes dressées, on puisait aux outres un peu d'eau tiède, puis on se couchait sur le sable brûlant. La journée n'était qu'un halètement continu. Au soir, on repartait après un souper ordinaire : un peu d'eau, du pain ou du sanglé. Nuit nouvelle et nouvelle marche, au pas allongé des méharis, sous un fourmillement d'étoiles.

Pour moi, peu de repos. Sans cesse je devais rester sur mes gardes. Tout était à craindre des hommes qui m'entouraient, voyageurs grossiers, ignorants et cupides.

Le 9 mai nous arrivions aux portes d'El-Arouan, dernière escale avant l'océan des sables. Je restai dix jours dans ce village sans eau et sans palmiers, écrasé de chaleur, au milieu d'une population farouche, hargneuse, qui m'obligea à redoubler de ferveur et à multiplier mes visites à la mosquée.

Le 19 mai 1828, la caravane commença sa traversée. C'était une véritable ville mouvante, avec quatre cents hommes et quatorze cents chameaux, chargés de gomme, d'ivoire, de femmes, d'enfants et d'esclaves qu'on allait vendre.

quelques vautours…

La soif est un feu subtil qui embrase tout le corps. Chaque jour j'attendais en défaillant le moment où l'on donnait à boire, la langue collée au palais. Souvent mon guide, Aly, s'y opposait avec violence. Ce guide passait pour un homme juste parce qu'il était fort pieux. Mais dès qu'on eut pénétré dans le désert il révéla sa bassesse. Soit qu'il soupçonnât ma nationalité ou qu'il eût prit en dégoût mon visage défiguré par le scorbut, soit qu'il fût tenté par mon sac à cadenas et mon coussabe, il multipliait les sévices à chaque instant.

Le vent séchait les outres. Je ne vivais plus, semblait-il, que par un miracle d'énergie et pour me désaltérer. Après une tempête de sable éprouvante, la caravane, devenue misérable et haletante, trouva des puits à sec. Il fallut poursuivre coûte que coûte vers les puits de Telig, seul espoir de survie. On marcha vers eux toute une nuit.

Enfin, parvenus à bout de souffrances dans un bas-fond entouré de blocs de granite rose, on s'écroula près des fosses comblées par les sables. Après avoir déblayé, un peu d'eau parut. Quand elle devint potable, je m'aplatis entre les pattes des chameaux pour boire avec eux.

La caravane reprit sa route sous un soleil blanc, dans la chaleur, le sable et le vent. Les Maures de l'entourage d'Aly me tourmentaient. Ils m'appelaient entre autres sobriquets *Gageba*, du nom de mon chameau.

« ... Pss ! Pss ! Gageba, face de chrétien ! »

Les esclaves s'en mêlaient, ils me jetaient des pierres. Mes derniers objets excitaient leur convoitise. Quand je demandais de l'eau on me répondait : « Donne-nous ton coussabe, donne-nous ton cadenas. Tu auras à boire... »

Chaque journée apportait des désillusions, des souffrances. Mais chaque pas me rapprochait du Tafilelt, la porte du désert.

Puits de Cramès. Puits de Trarsas. Puits d'Amoul-Taf. Puits d'El-Ekseif, à l'eau douce et limpide… Chacune de ces haltes me laissait entrevoir la sortie de cet enfer de sable et de feu.

Un jour on me frappait au visage.

Un jour on me jetait au bas de mon chameau.

Enfin, le 29 juin 1828, la caravane en liesse parvint devant une plaine herbeuse plantée de tamaris. Là, je fus logé miraculeusement sous la tente de la sœur de mon guide. J'écrivais pour elles des talismans, des grigris… Mais on ne me nourrissait que de dattes sèches ou pourries que je ne pouvais avaler. Le 12 juillet la caravane prit la direction du nord-est.

Le pays était accidenté, fait de graviers gris, de bois de dattiers. Parfois un mausolée au toit rond, des troupeaux de moutons blancs, des ânes. Le 21 juillet, on rencontra sur la route un Maure qui m'offrit une grappe de raisins noirs et un petit morceau de pain de froment. Je reconnus à ce signe que nous étions enfin sortis du désert.

Du 23 juillet au 2 août j'attendis au village de Ghourland le départ d'une caravane. C'était le revers de l'Atlas, parmi un chapelet d'oasis : sable d'un gris cendré, eau fraîche, ciel d'indigo, J'étais couvert de haillons, noirci par le soleil ; je toussais sans arrêt. Mais mon extrême misère forçait la sympathie. Mes aumônes me permettaient de survivre.

Pour franchir l'Atlas, je vendis mes deux pagnes du Soudan et le coussabe neuf de mon protecteur de Tombouctou. J'en tirai cinq mitkhals d'argent, ce qui me permit de louer un âne. Parti le 2 août, j'arrivai le 12 août avec un petit groupe de Maures dans la ville marocaine de Fez. Je touchais presque à l'Europe. Il me fallait partir au plus vite, gagner Meknès, puis Rabat où je trouverais le consul de France.

Du coup, les musulmans qui m'accompagnaient devinrent soupçonneux. Il fallut ruser encore et prétexter une demande d'aide auprès du sultan, qui résidait à Meknès.

Le 14 août, je franchissais les portes de cette ville. Exténué, malade, chassé de partout, je me traînais dans les rues.

Le 16 août, je pris la route de la côte. J'étais si faible qu'il fut nécessaire de me porter sur mon âne. J'étais incapable de l'enjamber. Marche pénible sur des sentes caillouteuses ; champs de vigne, chaleur de la plaine, lagunes marécageuses.

Enfin Rabat. Tout à coup l'océan, grondant familièrement, emplissant l'horizon.

Là, tenant à la main quelques shillings, je priai plusieurs Maures de me les changer, prévoyant qu'ils m'enverraient vers un chrétien. Ce stratagème réussit. Je parvins donc à la porte d'Ismayl, consul de France à Rabat. Mais ce dernier n'accepta pas mon histoire et me renvoya à la rue.

Je pris alors le parti d'écrire à M. Delaporte, vice-consul à Tanger. J'exposai sommairement mes découvertes et demandai du secours.

Et les jours se nouèrent aux jours, torrides et douloureux. Aucune réponse. Recroquevillé dans l'ombre étroite des murs ou réfugié dans les cimetières, j'attendais la fuite des heures.

Aussi, le 2 septembre, je partis pour Tanger, avec pour compagnon l'homme le plus méchant du pays. La fatigue et l'épuisement réveillèrent mes fièvres.

Le 8 septembre, loqueteux, en guenilles, j'entrai au consulat en me cachant. Par chance, le vice-consul admirait les explorateurs et appartenait à la Société de Géographie de Paris. Il m'accueillit avec une grande émotion. Mais pour sauver les apparences vis-à-vis de l'entourage musulman, il me renvoya à la rue pour quelques jours, le temps de trouver une solution.

Le 10 septembre, il fut convenu que le consulat me donnerait asile jusqu'au moment de mon embarquement pour la France. On me fit entrer clandestinement. On me donna une chambre, de la nourriture saine, des habits européens. Sauvé ! J'étais sauvé !

Le 27 septembre 1828, la goélette *la Légère* jetait l'ancre devant Tanger. Un peu avant le coucher du soleil on m'envoya des vêtements de matelot. Je gagnai le port et me mêlai aux autres marins pour embarquer. Le lendemain je quittais enfin les côtes africaines. Mon exploration avait duré 538 jours. J'avais parcouru 4 500 kilomètres.